Para

____

Que este livro lhe dê coragem em suas decisões hoje e pelo resto de sua vida.

De

____

JOHN C. MAXWELL

A ESCOLHA É SUA

Decisões importantes para você conquistar o que deseja

SEXTANTE

Título original: *The Choice is Yours*

Publicado em acordo com a J. Countryman®, uma divisão da Thomas Nelson Book Group, Nashville, Tennessee – 37214, USA.

Tradução: Marcelo Schild

Preparo de originais: Regina da Veiga Pereira

Revisão: Sérgio Bellinello Soares, Sônia Peçanha e Tereza da Rocha

Projeto gráfico, diagramação e capa: Miriam Lerner

Pré-impressão: ô de casa

Impressão e acabamento: Geográfica e Editora Ltda.

CIP-BRASIL. CATALOGAÇÃO-NA-FONTE
SINDICATO NACIONAL DOS EDITORES DE LIVROS, RJ

M419e

Maxwell, John C., 1947-
A escolha é sua / John C. Maxwell [tradução de Marcelo Schild]. – Rio de Janeiro: Sextante, 2007.

Tradução de: The choice is yours
ISBN 978-85-7542-304-2

1. Escolha (Psicologia). 2. Processo decisório. 3. Solução de problemas. 4. Responsabilidade. I. Título.

CDD: 153.83
07-2870 CDU: 159.947.2

Rua Voluntários da Pátria, 45 – Gr. 1.404 – Botafogo
22270-000 – Rio de Janeiro – RJ
Tel.: (21) 2286-9944 – Fax: (21) 2286-9244
E-mail: atendimento@esextante.com.br
www.sextante.com.br

SUMÁRIO

INTRODUÇÃO

A vida é feita de escolhas permanentes. Que carreira você escolhe? Com quem vai casar? Onde vai morar? Até quando vai estudar? O que quer fazer com o dia de hoje? Cada gesto nosso, cada atitude, cada passo, cada orientação, cada pensamento, é fruto de uma escolha. Somadas, essas incontáveis escolhas cotidianas determinam o rumo e a qualidade de nossa existência, tornando-nos lentamente as melhores pessoas que podemos ser ou criaturas medíocres e frustradas.

Eis a escolha mais importante: *que pessoa você quer ser?*

Será que nos damos conta disso? Será que somos livres para escolher o que é melhor para nós, o que realiza mais plenamente nosso potencial, o que nos faz felizes da maneira mais profunda e essencial? Ou vamos vivendo automaticamente, seguindo os padrões, obedecendo às expectativas dos outros e às imposições da cultura, fazendo escolhas inconscientes que geram uma insatisfação crônica e indefinida?

Ninguém quer seguir o caminho que conduz para baixo. Cada um de nós deseja crescer, ser algo maior. O segredo para o caminho ascendente reside nas escolhas que fazemos.

Este livro oferece inspiração e orientação em 16 áreas fundamentais para ajudá-lo a tornar-se a pessoa que deseja ser. Você se depara diariamente com escolhas em uma ou mais dessas áreas importantes. As decisões que toma nesses momentos podem parecer insignificantes, no entanto são elas que criam a direção de sua vida. Você pode trilhar o caminho muitas vezes difícil que aponta para o alto ou pode escolher o caminho mais fácil. Mas, em qualquer dos dois casos, é você quem toma a decisão. Nunca se esqueça: *a escolha é sua.*

ATITUDE É UMA ESCOLHA

"A vida é 10% como a vivemos e 90% como a escolhemos."

A DIFERENÇA ESTÁ NA ATITUDE

Por que tanto alarde em torno da atitude? Ela realmente faz tanta diferença? Pode apostar que sim! Nunca subestime o poder de uma atitude positiva. Quando você enfrenta um oponente do mesmo porte, a atitude adequada lhe dará sempre uma vantagem. Quem usufrui mais todas as coisas, enxerga mais oportunidades e vive com mais entusiasmo? A pessoa que tem a melhor atitude. Na verdade, a diferença está na atitude.

Ao examinar sua atitude e decidir o que fazer, lembre-se destas verdades:

1. SUA ATITUDE É UMA ESCOLHA, ACIMA DE TUDO. As circunstâncias podem não ter sido escolhidas por você, mas a atitude é toda sua.

2. É MAIS FÁCIL MANTER A ATITUDE CERTA DO QUE RECONQUISTÁ-LA. Lute para desenvolver uma atitude positiva e não a deixe escapar.

3. SUA ATITUDE DETERMINA SUAS AÇÕES. É sobretudo a forma como você encara suas experiências que determina os resultados em sua vida.

4. AS PESSOAS QUE VOCÊ LIDERA REFLETEM SUA ATITUDE. Se você é responsável por outras pessoas – como patrão, pai ou líder –, a atitude delas é um reflexo da sua.

"A felicidade não depende de coisas externas, e sim de como as vemos."

Leon Tolstoi

"Se você não se deixar desencorajar, no final certamente será bem-sucedido."

Abraham Lincoln

PROMESSAS QUE TRAZEM RECOMPENSAS

PROMESSA: Se você aprender com seus erros e deixá-los para trás...

RECOMPENSA: ...conseguirá se concentrar no presente.

PROMESSA: Se você se mantiver acima da mesquinharia das pessoas e de pequenos aborrecimentos...

RECOMPENSA: ...poderá investir sua energia em coisas importantes.

PROMESSA: Se você dedicar tempo ao repouso físico, à reflexão espiritual e ao lazer...

RECOMPENSA: ...será capaz de pensar com clareza.

PROMESSA: Se você aproveitar o dia de hoje e tudo o que ele oferece...

RECOMPENSA: ...estará mais preparado para o dia de amanhã.

PROMESSA: Se você expressar sua gratidão a Deus e aos outros com palavras e ações...

RECOMPENSA: ...terá consciência dos benefícios que eles lhe trazem.

PROMESSA: Se você der mais do que recebe...

RECOMPENSA: ...contribuirá para a sociedade, encantará seu parceiro e será um modelo para seus filhos.

"Deus escolhe as experiências pelas quais passamos. Nós escolhemos a forma de passar por elas."

Robert Oppenheimer

"A atitude, mais do que a idade, determina nossa energia vital."

Robert Schuller

ESTÁ TUDO EM SUA MENTE

Seu nome é Roger Crawford. Ele ganha a vida como consultor e palestrante. Escreveu dois livros e viaja pelos Estados Unidos trabalhando com grandes empresas, associações estaduais e nacionais e escolas.

Se essas credenciais não o impressionam, ainda tem mais: antes de se tornar consultor, ele era um tenista profissional famoso. Ainda não está impressionado? Tenho certeza de que sua opinião vai mudar quando eu lhe disser que Roger não tem mãos e possui apenas um pé!

Quando Roger Crawford nasceu, os médicos viram que ele tinha uma projeção parecida com um polegar que se estendia a partir do antebraço direito, e um polegar e um dedo indicador que se projetavam do antebraço esquerdo. Roger não tinha as palmas das mãos. Suas pernas e seus braços eram encurtados, e o pé esquerdo, atrofiado, com apenas três dedos. (O pé foi amputado quando ele tinha cinco anos.) Os pais de Roger ouviram de vários médicos que ele nunca poderia andar, que provavelmente não seria capaz de cuidar de si mesmo e jamais levaria uma vida normal.

Depois de se recuperarem do choque, eles decidiram oferecer ao filho as melhores oportunidades possíveis para que tivesse uma vida normal. Os pais o criaram de modo a que se sentisse amado e se tornasse forte e independente.

"Você só será limitado se quiser", o pai lhe repetia. Eles o encorajaram a fazer tudo o que seu coração desejasse. E o ensinaram a pensar positivamente.

"Meus pais nunca permitiram que eu tivesse pena de mim mesmo ou usasse minhas limitações para me aproveitar das pessoas", afirma Roger.[1]

Roger sentia gratidão pelo estímulo e treinamento que recebeu dos pais, mas só se deu conta da importância da contribuição deles e de suas próprias conquistas quando entrou na universidade. Um desconhecido que lera sobre suas vitórias no tênis telefonou-lhe pedindo um encontro em um restaurante próximo. Ao levantar-se para cumprimentar o homem, Roger descobriu que ele possuía mãos praticamente iguais às suas. Animado, imaginou que, por ser mais velho, aquele homem poderia ajudá-lo. Mas logo percebeu que estava enganado. Roger conta:

"Encontrei uma pessoa amarga e pessimista, que culpava a deficiência física por todos os fracassos e decepções de sua vida.

Logo percebi que nossas atitudes eram completamente diferentes... Ele nunca permanecera em um emprego por muito tempo, e estava convencido de que isso acontecia porque ele era 'discriminado'. Apesar de admitir que chegava constantemente atrasado ao trabalho, que faltava freqüentemente e que tinha dificuldade em assumir responsabilidades, continuava atribuindo suas demissões ao preconceito dos outros. Ele assumia uma postura do tipo 'o mundo tem uma dívida comigo' e se revoltava quando não recebia o esperado. Chegou a ficar com raiva de mim por não compartilhar sua desesperança.

Mantivemos contato por muitos anos, até eu perceber que, mesmo que algum milagre desse àquele homem um corpo perfeito, sua infelicidade e o sentimento de fracasso não mudariam. Ele teria o mesmo comportamento pelo resto da vida."[2]

Esse homem descrito por Roger deixou-se aprisionar pelo fracasso.

É muito provável que qualquer um dos leitores não tenha nem de longe enfrentado as dificuldades de Roger Crawford. Por isso sua história é tão comovente e inspiradora – porque revela o poder da atitude que escolhemos tomar. Roger afirma: "As deficiências só nos incapacitam se permitirmos. Isso se aplica não apenas às limitações físicas, mas também às emocionais e intelectuais... Acredito que limitações reais e duradouras são criadas em nossas mentes, não em nossos corpos."[3]

Extraído de DANDO A VOLTA POR CIMA

"Atitudes determinam ações. Você não é o que pensa que é. Você é o que pensa."

"Não acredito em pessimismo. Se algo não acontece da maneira que você quer, siga em frente. Se achar que vai chover, chove mesmo."

Clint Eastwood

"Nós somos os mestres ou as vítimas de nossas atitudes. É uma questão de escolha pessoal – bênção ou maldição."

O QUE É UMA ATITUDE?

É ela que revela nosso verdadeiro eu.

Suas raízes crescem para dentro e seus frutos para fora.

Ela é nossa melhor amiga ou nossa pior inimiga.

Ela é mais honesta e mais consistente do que nossas palavras.

Ela é uma manifestação externa de nossas experiências passadas.

Ela é algo que atrai pessoas para nós ou as repele.

Ela só se satisfaz quando se manifesta.

Ela é a bibliotecária do nosso passado.

Ela é a oradora do nosso presente.
Ela é a profetisa do nosso futuro.

Extraído de ATITUDE VENCEDORA

"Nada pode impedir o homem que possui a atitude mental adequada de atingir seu objetivo; mas nada neste mundo pode ajudar o homem que tem uma atitude mental errada."

Thomas Jefferson

CARÁTER É UMA ESCOLHA

"Um bom coração é melhor do que todas as cabeças do mundo."

Edward Bulwer-Lytton

“Ninguém pode elevar-se acima das limitações de seu próprio caráter.”

John Morley

“O caráter real de uma pessoa é medido por aquilo que ela faria se soubesse que nunca seria descoberta.”

Thomas Macaulay

“Um bom caráter é mais louvável do que um talento notável. A maior parte dos talentos é, até certo ponto, uma dádiva. Bom caráter, ao contrário, não é algo que nos dão. Precisamos construí-lo aos poucos – através do pensamento, da escolha, da coragem e da determinação.”

John Luther

DO QUE VOCÊ É FEITO?

Do que você é feito? Abraham Lincoln disse: “O caráter é como uma árvore, e a reputação é como sua sombra. A sombra é o que achamos da árvore; a árvore é a verdade.”

Você tem um coração resistente? Você é forte como um imponente carvalho? As suas raízes se aprofundam na terra? Você é uma pessoa íntegra? Quando o céu escurece e o clima se torna hostil, seu caráter permanece sólido como uma árvore adulta ou se apaga como uma sombra oculta pelas nuvens?

A escolha é sua. Você pode passar o dia esperando o sol brilhar para se *sentir* bem ou então cultivar seu caráter, fazendo com que ele cresça diariamente, centímetro a centímetro, até que um dia não apenas forneça a sua força mas também seja um modelo de estabilidade para aqueles que o cercam.

"Quando você faz as coisas que deve fazer no momento em que precisa fazê-las, chegará o dia em que poderá fazer as coisas que quiser, quando quiser."

Zig Ziglar

"O caráter não pode se desenvolver na calma e na facilidade. É só através da provação e do sofrimento que a alma é fortalecida, a visão clareada, o desejo estimulado e o sucesso obtido."

Helen Keller

"Você expõe claramente o seu caráter quando fala sobre o caráter dos outros."

John C. Maxwell

“Quando tento manipular as pessoas usando estratégias e táticas para que façam o que quero, para que trabalhem melhor, sejam mais motivadas e gostem dos outros, se meu caráter for fundamentalmente falho, marcado por duplicidade ou falta de sinceridade, não serei bem-sucedido a longo prazo. Minha duplicidade irá gerar desconfiança, e tudo o que eu fizer – mesmo utilizando técnicas de relacionamento consideradas boas – será interpretado como manipulação.”

Stephen Covey

“Você não poderá ir longe na vida se trabalhar apenas nos dias em que se sente bem.”

Jerry West

“Um talento é formado na calma; um caráter, nas torrentes do mundo.”

Johann Wolfgang von Goethe

REFLEXÕES SOBRE O CARÁTER

- Dons e talentos nos são dados, mas o caráter é desenvolvido por nós.
- Nosso caráter é fundamental, pois é ele que conquista a confiança dos outros.
- Somente um bom caráter nos proporciona sucesso duradouro na relação com as pessoas.
- Um caráter forte transmite credibilidade e consistência.
- Nosso caráter ilumina nosso futuro.
- Não podemos nos elevar além dos limites do nosso caráter.

"A forma de jogar revela parte do caráter de uma pessoa. A maneira de perder revela o caráter inteiro."

"Caráter é o resultado da soma de todas as nossas escolhas cotidianas."

Margaret Jensen

"Alguns homens obtêm sucesso por aquilo que sabem; outros, por aquilo que fazem; e poucos, por aquilo que são."

Elbert Hubbard

“A forma de passar o tempo livre é um teste que revela seu caráter.”

John C. Maxwell

“O que você faz pode desaparecer. O que você é permanece vivo porque transforma os outros.”

John C. Maxwell

“Que a integridade e a retidão me protejam, porque em Ti espero.”

Rei David de Israel (Salmo 25:21)

“Nenhum ser humano pode, durante um período considerável de tempo, mostrar uma face para si mesmo e outra para a multidão. Ao final, ele não saberá qual é a verdadeira.”

Nathaniel Hawthorne

“Semeie um pensamento, e colherá um ato;
Semeie um ato, e colherá um hábito;
Semeie um hábito, e colherá um caráter;
Semeie um caráter, e colherá um destino.”

VALORES SÃO UMA ESCOLHA

"Não tentem se tornar pessoas de sucesso. Prefiram tornar-se pessoas de valor."

Albert Einstein

"Observe nossos heróis, observe as coisas em que gastamos dinheiro e os programas a que assistimos na TV – é isso o que valorizamos. O problema consiste em mudar as coisas. Não se trata de capinar as ervas daninhas na superfície da sociedade, mas de investir nas raízes."

Nicols Fox

"A medida real do valor de uma pessoa é o valor que ela teria se perdesse todo o seu dinheiro."

Harold J. Smith

É HORA DE MUDANÇA?

Você já escolheu seus valores. Você os avaliou cuidadosamente e investiu intencionalmente em alguns deles. Provavelmente, você os reconhece e celebra. Talvez tenha feito outras escolhas inconscientemente, e as vive automaticamente. É até possível que nem se dê conta dessas decisões.

Como descobrir os valores que você adotou de forma inconsciente? Examine como emprega seu tempo e seu dinheiro. O psiquiatra M. Scott Peck afirma: "Quando amamos uma coisa, ela se torna valiosa, e quando valorizamos algo, nós lhe dedicamos tempo, usufruindo e cuidando daquilo que nos é precioso."

Talvez esteja na hora de fazer um inventário dos valores em sua vida. Examine sua agenda. Reveja seu orçamento e compare-o com suas despesas habituais. Pense no que lhe desperta paixão. Todas essas coisas revelarão quais são seus valores. Se você está vivendo de acordo com valores que vão contra seus ideais, sua filosofia ou sua religião, avalie as mudanças que devem ser feitas para harmonizar quem você é, aquilo em que acredita e o que faz.

"Pode até parecer que os bons chegam por último, mas geralmente eles estão disputando uma corrida diferente."

Ken Blanchard e Norman Vincent Peale

"Quando seguimos uma bússola moral que aponta para uma única direção, encontramos harmonia e paz interior, que independem de modas ou tendências."

Ted Koppel

"É tolice esperar que um saco vazio fique em pé."

VALORES SÃO COMO...

1. *Âncoras* – Eles o mantêm firme em tempos difíceis.
2. *Amigos* – Eles permanecem ao seu lado e lhe dão segurança.
3. *Uma estrela-guia* – Você sempre pode contar com eles para sua orientação.
4. *Um vento fresco* – Eles lhe proporcionam um apoio revigorante.

COMO VIVER DE ACORDO COM SEUS VALORES

1. Defina seus valores claramente.
2. Reveja-os diariamente.
3. Pratique-os intencionalmente.
4. Tome decisões usando-os estrategicamente.
5. Transmita-os à sua família deliberadamente.
6. Reconheça-os nos outros publicamente.
7. Celebre-os continuamente.

“Você não toma decisões porque são fáceis.

Você não toma decisões porque são baratas.

Você não toma decisões porque são populares.

Você toma decisões porque são certas.”

Theodore Hesburgh

AUTODISCIPLINA É UMA ESCOLHA

“Não são as montanhas que conquistamos.
Nós conquistamos nós mesmos.”

Sir Edmund Hillary

“O que fazemos em ocasiões especiais dependerá provavelmente do que já somos; e o que somos será o resultado de anos de autodisciplina.”

H. P. Liddon

“Se não nos disciplinarmos, o mundo nos imporá sua disciplina.”

William Feather

O QUE FEZ A DIFERENÇA

Em seu livro *The Life God Blesses* (A vida que Deus abençoa), meu amigo Gordon MacDonald conta suas experiências na equipe de atletismo da Universidade do Colorado, no final dos anos 50. Ele se lembra particularmente dos treinos árduos que fazia com um parceiro de equipe chamado Bill. “Até hoje lembro-me com angústia de nossos treinos nas tardes de segunda-feira”, diz Gordon. “As lembranças são duras porque os exercícios também eram. Quando os treinos de segunda-feira terminavam, eu ia cambaleando exausto para o vestiário.”

Mas Bill era diferente. Apesar de também estar exausto, quando terminava, descansava na grama próximo à pista de corrida. No entanto, depois de 20 minutos, enquanto Gordon tomava sua ducha, Bill repetia todo o treino!

Bill não era considerado um atleta excepcional. Durante seus anos na Universidade do Colorado ele nunca recebeu uma medalha num campeonato nacional. "Eu não era um grande atleta", observou, "mas tinha a teoria da 'caixinha de surpresas'... ou seja, não é possível fazer nenhuma grande mudança durante o treino ou numa competição, mas há milhares de pequenas coisas que podem ser feitas."[4]

Talvez Bill não tenha causado um grande impacto durante os anos de faculdade, mas sua disciplina e sua determinação acabaram recompensando-o. Ele investiu no salto em distância e nos 400 metros rasos, e foi acrescentando outras modalidades até chegar ao decatlo. Seu esforço e sua dedicação fizeram dele um atleta de renome internacional que, depois de várias vitórias, venceu cinco competições nacionais de decatlo seguidas – um feito que permanece único no esporte.

O que levou Bill a conquistas tão grandiosas foi sua disciplina. A reflexão de Gordon MacDonald diz tudo: "A diferença entre nós dois começou nas tardes de segunda-feira durante os treinos. Ele não tinha medo da disciplina e fazia o máximo; eu temia a disciplina e fazia o mínimo."[5]

Extraído de COMPETÊNCIAS PESSOAIS QUE AS EMPRESAS PROCURAM

“Algumas pessoas vêem a disciplina como uma coisa desagradável. Para mim, é uma espécie de organização interna que me dá liberdade para voar.”

Julie Andrews

“Nenhum cavalo chega a qualquer lugar enquanto não for arreado. Nenhum vapor ou gás movimenta coisa alguma até ser confinado. Nenhuma catarata do Niágara é transformada em luz e energia até ser turbinada. Nenhuma vida se torna grandiosa até ser focada, dedicada e disciplinada.”

Harry Emerson Fosdick

SEIS SOLUÇÕES PARA A AUTODISCIPLINA

Solução 1 – Treine para fazer bom uso do seu tempo.

Solução 2 – Conheça-se melhor, identifique seus pontos fortes e desenvolva-os.

Solução 3 – Conheça as prioridades do seu trabalho.

Solução 4 – Dedique seu tempo a pessoas que produzem resultados.

Solução 5 – Tome decisões rapidamente com informações limitadas.

Solução 6 – Aja sempre que possível.

> "Responsabilize-se por um padrão que ultrapasse as expectativas dos outros. Não tente justificar seus erros. Nunca sinta pena de si mesmo. Seja um mestre exigente com você – e tolerante com os demais."
>
> **Henry Ward Beecher**

COMPROMISSO É UMA ESCOLHA

"Ou você investe sua vida em alguma coisa ou a desperdiça com coisa alguma."

Haddon Robinson

“Não há sentido em tentar ajudar aqueles que não querem ser ajudados. Você só pode empurrar uma pessoa escada acima se ela estiver disposta a subi-la.”

Andrew Carnegie

“Primeiro o envolvimento. Depois o compromisso.”

“É preciso pagar um preço. Você descobrirá que tudo na vida tem um preço, e terá que decidir se o preço vale a recompensa.”

Sam Nunn

“Sou apenas um, porém sou alguém. Não posso fazer tudo, mas posso fazer algo. E o que posso fazer, com a graça de Deus, eu farei.”

D. L. Moody

7 INIMIGOS DO COMPROMISSO

1. Uma vida cheia de desistências.
2. A crença equivocada de que a vida deve ser fácil.
3. A crença equivocada de que o sucesso depende do destino.
4. Uma atitude de pensamento negativo.
5. A aceitação das barreiras impostas por outras pessoas.
6. Um medo irracional do fracasso.
7. Falta de visão.

> "Você estará a meio caminho de saber o que deseja quando souber do que precisa abrir mão para chegar lá."
>
> **Sidney Howard**

COMO VOCÊ DEFINE COMPROMISSO?

Em 1939, um homem de 20 anos chamado Jonas Salk concluiu seus estudos na Escola de Medicina da Universidade de Nova York. Na faculdade, Salk começou a estudar imunologia, e durante o segundo período teve a oportunidade de passar um ano pesquisando e dando aulas.

"No final daquele ano", ele contou, "disseram-me que eu poderia mudar minha orientação e obter um doutorado em bioquímica. No entanto, preferi permanecer na medicina. Acredito que tudo isso está ligado ao desejo que sempre tive de poder ajudar a humanidade de alguma maneira, em um sentido mais amplo."[6]

Em 1947, Salk tornou-se chefe do laboratório de pesquisas de vírus da Universidade de Pittsburgh, onde começou a investigar o vírus da pólio. Naqueles dias, a pólio era uma doença terrível e incapacitante que tirava a vida de milhares de pessoas a cada ano, sobretudo de crianças. A epidemia de pólio em Nova York, no verão de 1916, deixou 27 mil pessoas paralisadas e matou 9 mil. Depois daquele ano, as epidemias tornaram-se comuns, e todo verão hordas de pessoas fugiam das grandes cidades tentando proteger seus filhos.

Depois de mais de quatro anos de trabalho ininterrupto, Salk e sua equipe desenvolveram uma vacina contra a pólio. No verão de 1952, seu compromisso com a pesquisa levou-o a inocular sua vacina em voluntários sadios. Nesse grupo estavam ele próprio, sua mulher e seus três filhos.

O compromisso de Salk deu resultados. Os testes da vacina foram bem-sucedidos e, em 1955, ele e seu antigo mentor, Dr. Thomas Francis, empreenderam a inoculação em 4 milhões de crianças. Em 1955 foram registrados 28.985 casos de pólio nos Estados Unidos. Em 1956, esse número caiu para a metade. Em 1957 houve apenas 5.894

casos. Hoje, graças ao trabalho de Jonas Salk e ao esforço subseqüente de outros cientistas, como Albert Sabin, a pólio foi praticamente erradicada nos Estados Unidos.

Jonas Salk dedicou oito anos de sua vida a vencer a pólio. Mas seu desejo real de ajudar evidenciou-se ainda mais quando ele não patenteou a vacina que criara. Assim, ela pôde ser utilizada para ajudar pessoas em todo o mundo. De certa forma, a humanidade era a equipe com a qual ele estava mais comprometido.

Extraído de COMPETÊNCIAS PESSOAIS QUE AS EMPRESAS PROCURAM

"Nada digno de valor pode ser conquistado com pouco interesse, com um coração fraco ou um esforço pela metade."

Isaac Barrow

"Quando Deus avalia as pessoas, Ele olha seus corações, não suas cabeças."

John C. Maxwell

"Se você faz o que pode com o que tem e no lugar onde está, Deus não o deixará nesse lugar e aumentará o que você possui."

Bill Purvis

"Ninguém que deu o melhor de si jamais se arrependeu disso."

George Halas

COMO DESENVOLVER O COMPROMISSO

1. Compreenda que ele geralmente começa com uma luta.

2. Entenda que ele não tem nada a ver com talento ou habilidade.

3. Reconheça que não é uma questão de condições e sim de escolha.

4. Comece com as pequenas coisas.

5. Defina seus princípios éticos antes de qualquer confronto.

6. Confie em Deus.

APRENDER É UMA ESCOLHA

"Eles conhecem bem aqueles que sabem como aprender."

Henry Brooks Adams

“Um vencedor sabe quanto ainda precisa aprender, mesmo quando é considerado um especialista. Um perdedor deseja ser considerado um especialista antes de ter aprendido o suficiente para perceber quão pouco sabe.”

Sydney Harris

“Gostar de aprender é estar próximo do conhecimento.”

Tze-Sze

“Faça de seus amigos seus professores e una o prazer da conversa às vantagens do aprendizado.”

Baltasar Gracián

JUVENTUDE É UM ESTADO DE ESPÍRITO

“Deposite as moedas de sua bolsa em sua mente e sua mente encherá sua bolsa de moedas.”

Benjamin Franklin

“Nada é interessante se você não está interessado.”

Helen Macinness

APRENDENDO ATÉ O FIM

O presidente Theodore Roosevelt é lembrado como um homem franco, empreendedor e defensor de uma vida saudável. Quando ocupava a Casa Branca, dedicava-se a sessões regulares de boxe e judô, cavalgadas vigorosas e caminhadas longas e extenuantes.

Em diferentes momentos da vida, Roosevelt sempre demonstrou entusiasmo e energia inesgotáveis. Como candidato à Vice-Presidência em 1900, fez 673 discursos e viajou 32 mil quilômetros. Anos depois do final de seu mandato, enquanto se preparava para fazer um discurso em Milwaukee, Roosevelt levou um tiro. Com uma costela quebrada e uma bala no peito, continuou a falar durante uma hora antes de permitir que o levassem para o hospital.

A lista de conquistas de Roosevelt é notável. Sob sua liderança, os Estados Unidos emergiram como uma potência mundial. Durante seu governo foi construído o canal do Panamá. Foi Roosevelt quem negociou o fim do conflito entre a Rússia e o Japão, recebendo o Prêmio Nobel da Paz no decorrer do processo. E quando sua liderança foi questionada, fez uma campanha vitoriosa e foi reeleito por uma maioria inédita.

Sempre um homem de ação, quando seu mandato presidencial terminou, em 1909, Roosevelt viajou para a

África, onde liderou uma expedição científica. E em 1913 esteve à frente de um grupo que veio pesquisar regiões inexploradas no Brasil. Roosevelt afirmou que não abriria mão dessa experiência de aprendizado por nada. "Era a minha última chance de me sentir um garoto", admitiu mais tarde. Tinha 55 anos de idade.

Em 6 de janeiro de 1919, Theodore Roosevelt morreu durante o sono em sua casa, em Nova York. Na ocasião, o vice-presidente Thomas Riley Marshall disse: "A morte tinha de levá-lo durante o sono, pois, se Roosevelt estivesse acordado, teria resistido." Quando o retiraram da cama, encontraram um livro sob o travesseiro. Até o final, Theodore Roosevelt se esforçava para aprender e desenvolver-se.

Extraído de *As 21 irrefutáveis leis da liderança*

> "Viva para aprender, e você realmente aprenderá a viver."
>
> **John C. Maxwell**

INICIATIVA É UMA ESCOLHA

"Para obter sucesso, agarre as oportunidades tão rapidamente quanto agarraria as conclusões."

Benjamin Franklin

"Faça algo acontecer."

Paul "Bear" Bryant

"As coisas podem chegar àqueles que esperam, mas serão apenas as coisas deixadas para trás por aqueles que agem."

Abraham Lincoln

"As pessoas que progridem neste mundo são aquelas que acordam, vão atrás das circunstâncias que desejam e, se não conseguem encontrá-las, as criam."

George Bernard Shaw

"Decidi nunca fazer nada que eu teria medo de fazer se só tivesse mais uma hora de vida."

Jonathan Edwards

"Ontem é história. Amanhã, um mistério. E hoje? Hoje é uma dádiva. É por isso que o chamam de presente."

Eleanor Roosevelt

"É maravilhoso o que podemos fazer se estivermos sempre fazendo algo."

George Washington

SAIA DOS TRILHOS

Às vezes, o maior inimigo da iniciativa são os trilhos rígidos que criamos para nós mesmos. Esses trilhos podem nos impedir de mudar o curso da nossa vida, mesmo quando sabemos que a mudança é essencial para atingirmos o que desejamos. Se você ficar preso por muito tempo nos trilhos, começará a perder todo o estímulo para iniciar uma mudança positiva. Então, como sair dos trilhos? Siga estes passos:

1. Assuma a responsabilidade pela sua vida.
2. Saiba onde deseja estar.
3. Divida seu sonho em partes que você seja capaz de administrar.
4. Siga em frente.

Não fique esperando a inspiração. Crie seu próprio estímulo para mudar. Não espere – crie a iniciativa necessária para o seu sucesso.

AS RECOMPENSAS DA INICIATIVA

"O mundo concede seus prêmios, tanto em dinheiro quanto em honrarias, a uma única coisa: iniciativa. O que é iniciativa? Vou lhe dizer. É fazer a coisa que lhe parece certa sem esperar que alguém mande fazê-la. Em seguida, é fazer a coisa certa na primeira vez que lhe mandarem. Os que agem assim talvez recebam grandes honrarias, mas a recompensa nem sempre é proporcional. Depois vêm os que só fazem alguma coisa quando lhes mandam duas vezes. Estes recebem apenas um pequeno agradecimento. Em seguida vêm as pessoas que só fazem a coisa certa quando o chefe lhes dá um chute no traseiro. Estas recebem indiferença no lugar de honrarias, e um pagamento miserável. São aquelas que justificam sua mediocridade dizendo que não têm sorte. Finalmente, abaixo desses todos está o estúpido que não faz a coisa certa nem quando alguém lhe mostra como fazê-la. Este tipo está sempre desempregado e recebe o desprezo que merece, a não ser que tenha um pai rico. A que categoria você pertence?"

Elbert Hubbard

PAIXÃO É UMA ESCOLHA

"O sucesso não é o resultado de uma combustão espontânea. Primeiro você precisa se incendiar."

Reggie Leach

“Quando o coração arde, algumas fagulhas saem voando pela boca.”

Thomas Fuller

“Se você ama o que faz, não trabalhará nem mais um dia em sua vida.”

Confúcio

“O que estimula o crescimento é a paixão. É a paixão que alimenta a visão e lhe dá poder. Líderes apaixonados por sua missão criam visão.”

Ken Hemphill

O PODER DA PAIXÃO

1. A paixão é o primeiro passo para a conquista.
2. A paixão aumenta a força de vontade.
3. A paixão muda vidas.
4. A paixão me transforma.
5. A paixão torna possível o impossível.

“Descubra sua paixão e vá atrás dela. Este é o único conselho de que você precisa para ter sucesso em sua carreira.”

John C. Maxwell

“É fundamental amar o que você faz. Nunca faça algo só para agradar a outra pessoa. O desejo tem que ser seu.”

Peggy Fleming

“Existem muitas coisas que capturam meu interesse, mas são muito poucas as que capturam meu coração... e são estas que desejo seguir.”

Tim Redmond

“Estou convencido de que minha vida pertence a toda a comunidade, e é um privilégio fazer por ela o que eu puder, enquanto viver, pois quanto mais me empenhar, mais tempo e melhor viverei. Usufruo plenamente a vida. Para mim, ela não é uma chama breve. A vida é como uma tocha esplêndida que seguro por um momento e que desejo fazer brilhar o máximo possível antes de passá-la adiante para as gerações futuras.”

George Bernard Shaw

“O ser humano é feito de tal forma que, quando algo incendeia sua alma, as impossibilidades desaparecem.”

Jean de La Fontaine

“Fazer o que se deseja é a maior descarga de adrenalina. Você se sente quase como se não precisasse de um avião para voar.”

Charles Lindbergh

“Você só será lembrado por suas paixões.”

John C. Maxwell

UM FOGO QUE NUNCA SE APAGA

Você já se deu conta da diferença que a paixão faz? Conhece algum sucesso conquistado sem paixão? Algum grande empreendedor que não seja movido por entusiasmo? Algum líder indiferente?

A paixão abre a porta para conquistas e realizações. Paixão gera compromisso. Paixão traz perseverança que, como uma onda, nos impele para a frente.

A paixão transforma aquilo que você precisa fazer naquilo que você deseja fazer. Cria um fogo de motivação que nunca se apaga.

As pessoas movidas pela paixão gostam tanto da subida quanto de atingir o topo.

Se você viver com paixão, nunca precisará que o empurrem. A paixão fará com que você siga em frente, mesmo quando as chances forem reduzidas, os obstáculos se multiplicarem e os recursos parecerem limitados.

> “Descubra sua paixão e embrulhe sua carreira com ela.”
>
> **Dan Burns**

CUIDADO COM OS BOMBEIROS

Quando o assunto é paixão, existem dois tipos de pessoas: os incendiários e os bombeiros. Você precisa evitar os bombeiros. Por quê?

1. Bombeiros concentram-se no que há de errado, não no que está certo.

2. Bombeiros duvidam sempre.

3. Bombeiros trabalham nos bastidores para gerar discórdia.

4. Bombeiros odeiam mudanças.

5. Bombeiros adoram dizer "Sim, mas...".

6. Bombeiros impedem que pessoas com grande potencial cheguem ao topo.

"Coloque tudo o que você tem em tudo o que faz."

John C. Maxwell

CORAGEM É UMA ESCOLHA

"Grandeza, em última análise, é sobretudo coragem. Coragem é a capacidade de abandonar velhas idéias, padrões antigos e maneiras convencionais de fazer as coisas."

James Harvey Robinson

"Não é porque as coisas são difíceis que não ousamos; é porque não ousamos que elas são difíceis."

Sêneca

"Gênio é talento incendiado por coragem."

Henry Van Dyke

"Coragem é resistir ao medo, é dominar o medo – e não ausência de medo."

Mark Twain

TESTE DIÁRIO

Geralmente, pensamos em coragem como uma qualidade que só é necessária em momentos de grande perigo ou tensão. No entanto, a coragem é uma virtude diária de que precisamos para não nos arrependermos do que deixou de ser feito. Por que precisamos de coragem?

1. Precisamos de coragem para procurar a verdade, mesmo quando sabemos que ela pode ser dolorosa.
2. Precisamos de coragem para mudar quando é mais fácil acomodar-se.

3. Precisamos de coragem para expressar nossas convicções quando somos desafiados.
4. Precisamos de coragem para superar obstáculos quando só assim podemos progredir.
5. Precisamos de coragem para aprender e crescer quando errarmos.
6. Precisamos de coragem para trilhar o caminho mais elevado quando somos maltratados.
7. Precisamos de coragem para assumir a liderança mesmo quando estar à frente faz de nós um alvo fácil.

"A coragem é um tipo especial de sabedoria: a sabedoria de como temer o que deve ser temido e de como não temer o que não deve ser temido. Dessa sabedoria vem uma força interior que nos inspira inconscientemente a seguir em frente diante de grandes dificuldades. O que pode parecer impossível se torna geralmente possível quando se tem coragem."

David Ben-Gurion

"Freqüentemente, coragem nada mais é do que o poder de desapegar-se da rotina."

John C. Maxwell

“A coragem não é simplesmente uma virtude, mas a forma que todas as virtudes assumem quando são testadas.”

C. S. Lewis

“Um homem corajoso forma uma maioria.”

Thomas Jefferson

“O sucesso nunca é definitivo. O fracasso nunca é fatal. O que conta é a coragem.”

Winston Churchill

“A sorte é amiga de quem ousa.”

John Dryden

“Aquele que perde riqueza perde muito; aquele que perde amigos perde mais; mas aquele que perde a coragem perde tudo.”

Miguel de Cervantes

“A vida do pioneiro é marcada por uma solidão angustiante.”

Martin Luther King, Jr.

RESPONSABILIDADE É UMA ESCOLHA

“O preço da grandeza é a responsabilidade.”

Winston Churchill

“O motivo pelo qual as pessoas culpam as gerações anteriores é que a alternativa seria culpar-se.”

Doug Larson

“Quando você faz o que pode, Deus fará o que você não pode.”

“Não tema os que discutem, mas aqueles que se esquivam.”

Marie Ebner-Eschenbach

“O sucesso em qualquer grande escala exige que você assuma a responsabilidade... em última instância, a qualidade que todas as pessoas de sucesso possuem... é a capacidade de assumir a responsabilidade.”

Michael Korda

“Você não pode escapar da responsabilidade de amanhã evitando-a hoje.”

Abraham Lincoln

“Hoje em dia, responsabilidade geralmente significa um dever imposto por outras pessoas. Mas a responsabilidade, em seu sentido verdadeiro, é um ato inteiramente voluntário; é a minha resposta às necessidades, expressas ou não, de outro ser humano.”

Erich Fromm

CRESCIMENTO FÁCIL OU CRESCIMENTO DIFÍCIL?

Você deseja melhorar? Você deseja crescer? Você deseja desenvolver experiência, maturidade e sabedoria? Então tome decisões difíceis e responsabilize-se por elas.

- É fácil assumir a responsabilidade por algo que você sabe que dará certo.
- É mais difícil assumir a responsabilidade por algo que pode dar errado.
- É fácil assumir a responsabilidade quando há pouca coisa em jogo.
- É mais difícil assumir a responsabilidade quando há muito em jogo.
- É fácil assumir a responsabilidade depois de um sucesso.
- É mais difícil assumir a responsabilidade após um fracasso.

- Decisões fáceis podem fazê-lo sentir-se bem. Assumir a responsabilidade por decisões difíceis pode fazê-lo se sentir melhor.

> "O pensamento mais importante que já tive foi de que sou responsável perante Deus."
>
> **Daniel Webster**

CRESCIMENTO É UMA ESCOLHA

"O que quer que você faça hoje,
faça melhor amanhã."

Robert Schuller

“Um grande segredo para o sucesso é viver como uma pessoa que nunca se considera pronta.”

Albert Schweitzer

“Estou disposta a passar por qualquer coisa; dor ou desconforto temporários pouco importam, se sei que a experiência me elevará a um novo patamar. Sou atraída pelo desconhecido, e só posso atingi-lo quebrando barreiras, o que é freqüentemente um processo doloroso.”

Diana Nyad

“Você precisa investir no seu próprio crescimento, sem ficar se comparando com a altura do seu avô.”

Provérbio irlandês

“Ficaremos cegos até descobrir
Que no plano humano
Nada vale a pena
Se não promover o crescimento.
Por que construir cidades gloriosas
Se o ser humano permanece o mesmo?
É inútil investir na construção do mundo
Se ela não promover
O crescimento do construtor.”

Edwin Markham

“Sua vida começa a mudar quando você muda algo que faz todos os dias.”

John C. Maxwell

“Conflito mais amor é igual a crescimento.”

Westy Egmont

“Se você não continuar a crescer, será como o pão de ontem – dormido e duro.”

Loretta Lynn

O PRINCÍPIO DO ATIÇADOR QUENTE

Há alguns anos, ao falar de crescimento, meu amigo e mentor Elmer Towns me ensinou o “Princípio do atiçador quente”. Ele lembrou que, se você deseja esquentar um atiçador de lareira, não deve colocá-lo no lado oposto do fogo, mas bem próximo às brasas, dentro do fogo. Assim o calor será transferido para ele.

Elmer disse que o mesmo acontece com o crescimento das pessoas. Para receber o “calor” necessário para o crescimento, precisamos nos aproximar daqueles que já estão quentes, da seguinte forma:

1. Conviva o mais possível com pessoas de valor.
2. Alimente seu espírito com palestras, CDs e DVDs.
3. Visite lugares que possam lhe servir de inspiração.
4. Participe de grandes eventos que estimulem seu crescimento.
5. Leia ótimos livros.

"Todos nascemos ignorantes, mas é preciso muito trabalho para permanecer estúpido."

Benjamin Franklin

"A maioria se acomoda quando perde a tensão entre o lugar onde se encontra e o lugar onde deveria estar."

John Gardiner

"Padrões de excelência não são gravados em pedra. São constantemente redefinidos. É importante reconhecer que o que era considerado excelente no ano passado pode não ser mais este ano. É por isso que precisamos continuar em constante crescimento."

Bobb Biehl

"A ansiedade que muitas vezes nos acomete resulta em grande parte de tentarmos executar o trabalho de hoje com as ferramentas de ontem."

Marshall McLuhan

"Se alguém segue confiantemente na direção dos próprios sonhos e se empenha em viver a vida que imaginou, encontrará um sucesso inesperado nas horas comuns. Atravessará uma barreira invisível e novas leis universais começarão a se estabelecer dentro dele e ao seu redor. Viverá sob a proteção de uma ordem mais elevada de seres."

Henry David Thoreau

"Observe atentamente as amizades mais próximas em sua vida, pois elas lhe mostram a direção que você está seguindo."

Kevin Eikenberry

"Não valorizo muito um homem que não é mais sábio hoje do que era ontem."

Abraham Lincoln

QUEM É VOCÊ?

Se você pretende ter sucesso em seu crescimento, é necessário saber de que ponto está partindo. O especialista em gerenciamento Ken Blanchard diz que existem quatro fases de desenvolvimento, cada uma com necessidades específicas. A qual dessas categorias você pertence, na área em que deseja crescer?

1. *Iniciante entusiasmado* – Você precisa de alguém que o oriente.

2. *Aprendiz desiludido* – Você precisa de alguém para treiná-lo.

3. *Capaz porém cauteloso* – Você precisa de quem o apóie e o estimule.

4. *Empreendedor autoconfiante* – Você precisa de pessoas que alimentem seus sonhos.

Encontre as pessoas capazes de ajudá-lo durante sua fase atual de crescimento. Nunca se esqueça de que são os mais próximos que determinam seu nível de sucesso.

RELACIONAMENTOS SÃO UMA ESCOLHA

"Grave seu nome em corações,
não em mármore."

Charles H. Spurgeon

“Você pode dar sua amizade às pessoas, mas não pode exigir o retorno. É uma decisão que cabe a elas.”

John C. Maxwell

“Não há uma segunda chance de causar uma boa primeira impressão.”

“Não falarei mal de homem algum, e falarei todas as coisas boas que sei de todos.”

Benjamin Franklin

O CLUBE DO ELOGIO

Nos anos 20, o médico, consultor e psicólogo George W. Crane começou a dar aulas de psicologia social na Northwestern University, em Chicago. Apesar de ser um professor novato, era um estudante astuto da natureza humana e acreditava fortemente ser possível fazer do estudo da psicologia algo que os alunos pudessem colocar em prática.

Uma de suas primeiras turmas era formada por alunos que estudavam à noite. Eram jovens de ambos os sexos que trabalhavam durante o dia em lojas de departamentos, escritórios e fábricas de Chicago, e procuravam progredir fazendo um curso noturno. Certo dia, após uma aula, uma jovem chamada Lois, que se mudara de uma pequena cidade no Wisconsin para Chicago a fim de tentar ingressar no serviço público, revelou em segredo para Crane que se sentia solitária.

"Não conheço ninguém, exceto algumas garotas no escritório", lamentou. "À noite, vou para o meu quarto e escrevo para casa. A única coisa que me sustenta a cada dia é a esperança de receber uma carta de algum dos meus amigos em Wisconsin."

Inspirado em grande parte no problema de Lois, Crane idealizou o que chamou de "Clube do Elogio" e o apresentou à turma na semana seguinte. Essa foi a primeira de uma série de tarefas práticas que ele passaria para os alunos durante aquele período.

"Vocês precisam usar a psicologia diariamente, seja em casa, no trabalho, por onde quer que andem", disse-lhes Crane. "No primeiro mês, sua tarefa será o Clube do Elogio. Todos os dias vocês devem fazer um elogio sincero a três pessoas diferentes. Podem fazer mais, se desejarem, mas, para serem aprovados nessa matéria, será preciso elogiar pelo menos três pessoas, todos os dias, durante 30 dias."

Pediu-lhes que, ao final de 30 dias, escrevessem um texto sobre suas experiências, incluindo tanto as mudanças que perceberam nas pessoas ao redor deles como as que observaram em sua própria atitude em relação à vida.[7]

Alguns dos alunos resistiram à tarefa. Reclamaram, alegando que não saberiam o que dizer. Outros temiam ser rejeitados. E uns poucos pensaram que seria desonesto elogiar uma pessoa de quem não gostavam.

"Não seria hipocrisia elogiar um inimigo?", perguntou um aluno.

"Não, não é hipocrisia elogiar um inimigo", respondeu Crane, "pois o elogio é uma declaração honesta de reconhecimento de uma característica ou um mérito objetivo que mereça louvor. Vocês descobrirão que todas as pessoas possuem alguma qualidade positiva. Seu elogio pode trazer conforto para a solidão de alguém que está a ponto de desistir de lutar. Nunca se sabe até que ponto nosso elogio pode tocar uma pessoa em um momento crítico da vida."[8]

Os alunos de Crane descobriram que os elogios sinceros tiveram um impacto positivo nas pessoas que os rodeavam. E a experiência teve um impacto ainda maior nos próprios alunos. Lois desabrochou e transformou-se em uma pessoa que alegrava qualquer lugar aonde entrava. Uma outra aluna, que estava prestes a abandonar seu emprego de secretária por causa de um patrão especialmente difícil, começou a elogiá-lo, embora a contragosto. Aos poucos, não só o mau humor do patrão diminuiu como também a irritação que ele provocava na moça. A transformação foi tão grande que acabaram se casando.

Talvez o Clube do Elogio de George Crane nos pareça um pouco piegas. Mas o princípio por trás dele permanece tão firme quanto nos anos 20. Crane estava ensinando o que chamo de "Princípio do elevador": temos a capacidade de elevar as pessoas ou de rebaixá-las. Crane disse: "O mundo é carente de reconhecimento e tem fome de elogios. Por isso é necessário que alguém tome a iniciativa de dizer coisas amáveis para quem está ao seu lado."[9]

Extraído de VENCENDO COM AS PESSOAS

"Você não pode fazer outra pessoa sentir-se importante se, no fundo, você acha que ela não é ninguém."

Les Giblin

"Todas as pessoas têm o direito de ser valorizadas por seus melhores momentos."

Ralph Waldo Emerson

"Você não pode apertar a mão de alguém com o punho cerrado."

Indira Gandhi

10 COISAS QUE VOCÊ PRECISA SABER SOBRE AS PESSOAS

1. As pessoas são inseguras... transmita-lhes confiança.
2. As pessoas gostam de se sentir especiais... elogie-as com sinceridade.
3. As pessoas procuram um futuro melhor... dê-lhes esperança.
4. As pessoas precisam ser compreendidas... ouça o que dizem.
5. As pessoas precisam de direção... oriente-as.
6. As pessoas são egoístas... comece acolhendo suas necessidades.
7. As pessoas se sentem deprimidas... envie-lhes coragem.
8. As pessoas querem estar ligadas ao sucesso... ajude-as a vencer.
9. As pessoas desejam relacionamentos significativos... una-se a elas.
10. As pessoas procuram modelos que possam seguir... seja um exemplo.

> "O homem que caminha sozinho pode iniciar seu dia. Mas aquele que viaja acompanhado precisa esperar até que o outro esteja pronto."
>
> **Henry David Thoreau**

> "Você quer saber como fazer os outros gostarem de você? Goste deles primeiro!"
>
> **John C. Maxwell**

> "Considero que uma pessoa é cordata quando ela concorda comigo."
>
> **Benjamin Disraeli**

OS QUATRO NÍVEIS DE RELACIONAMENTOS

1. *Relacionamentos superficiais* – São os mais comuns e nunca vão além da superfície. Nenhum dos lados se compromete com o outro, e geralmente a atitude entre os dois é passiva. Apesar de não ser muito gratificante, este tipo de relacionamento fornece a base para todos os outros níveis.

2. *Relacionamentos estruturados* – São aqueles construídos a partir de encontros rotineiros. Podem estar ligados a um local ou a um momento específico ou podem ser resultado de interesses ou atividades em comum.

3. *Relacionamentos seguros* – Quando as pessoas se sentem mais à vontade umas com as outras e passam a compartilhar mais a respeito de si mesmas, começam a desenvolver confiança e geralmente desejam passar mais tempo juntas. É nesse nível que as amizades são testadas.

4. *Relacionamentos sólidos* – São os mais elevados. Ocorrem quando as pessoas compartilham mais plenamente confiança e intimidade, o que as leva a um desejo maior de doação e de estabelecer ligações duradouras.

“As pessoas são solitárias porque constroem muros em vez de pontes.”

Joseph F. Newton

“Chame as pessoas pelo nome. Você dará uma segunda impressão excelente.”

John C. Maxwell

“Lide com as pessoas usando luvas, e aborde os problemas com os punhos descobertos.”

Dagobert D. Runes

“Noventa por cento da arte de viver consiste em nos darmos bem com pessoas que não suportamos.”

Samuel Goldwyn

COMUNICAÇÃO É UMA ESCOLHA

"Grandes pessoas monopolizam a escuta.
Pessoas medíocres monopolizam a fala."

David Schwartz

“Uma das melhores formas de persuadir os outros é com seus ouvidos – escutando o que dizem.”

Dean Rusk

“Escute os sussurros e você não terá que ouvir os gritos.”

Ditado cheroqui

“O primeiro dever do amor é escutar.”

Paul Tillich

“O ouvido do líder deve estar em harmonia com as vozes do povo.”

Woodrow Wilson

“Todas as manhãs eu lembro a mim mesmo: nada do que eu disser hoje me ensinará alguma coisa. Então, se quero aprender, preciso escutar.”

Larry King

LÍDERES PRECISAM SABER ESCUTAR

Freqüentemente pensamos em líderes como bons comunicadores. Eles têm a capacidade de transmitir seus sonhos, de inspirar e ensinar. Mas, apesar da importância de serem oradores eficazes, é fundamental que os líderes sejam bons ouvintes. Quando não escutam, eles criam indiferença, hostilidade e problemas de comunicação com seu povo.

Líderes que não escutam sofrem grandes prejuízos. Eis alguns dos mais impactantes:

1. Não acumulam sabedoria.
2. O povo deixa de comunicar-se com eles.
3. Não ouvem o que está sendo dito.
4. Sua incapacidade de ouvir se espalha e prejudica outras áreas de sua liderança.

Se você lidera um negócio, uma família ou um grupo de voluntários, verifique se escutar é uma de suas prioridades. Se não for, você irá certamente se deparar com muitos problemas.

“Gênio é a capacidade de transformar o complicado em simples.”

C. W. Ceran

“A coisa mais importante na comunicação é ouvir o que não está sendo dito.”

Peter Drucker

“O maior presente que você pode dar a outra pessoa é a pureza da sua atenção.”

Richard Moss

“Escutar, não imitar, pode ser a forma mais sincera de fazer um elogio.”

Joyce Brothers

QUATRO ESTILOS DE COMUNICAÇÃO

Há quatro estilos básicos de comunicação nos relacionamentos. Veja se você consegue se reconhecer em alguma destas descrições:

1. *Estilo vingativo* – As pessoas que usam este estilo vão *contra* as outras. Elas acham que têm o direito de ferir os outros por terem se sentido agredidas.

2. *Estilo dominador* – As pessoas que usam este estilo colocam-se *acima* das outras, impondo-se ou manipulando-as. Os dominadores destroem a auto-estima dos outros.

3. *Estilo solitário* – As pessoas que usam este estilo movem-se *para longe* dos outros. Elas buscam o isolamento e nunca desenvolvem um entrosamento maior. Os solitários destroem qualquer esperança de desenvolvimento pessoal ou de crescimento.

4. *Estilo cooperativo* – As pessoas que usam este estilo colocam-se *ao lado* das outras, reconhecendo seu valor e sua contribuição, e buscando pontos em comum. Os cooperadores constroem relações de confiança e acrescentam valor a si mesmos e aos outros.

TUDO COMEÇA COM VOCÊ

"Você não pode dizer o que não sabe.
Você não pode compartilhar o que não sente.
Você não pode traduzir o que não entende.
Você não pode transferir o que não assumiu.
Você não pode dar o que não tem.
Você não pode orientar o que não viveu.
Transmita com sua atitude as suas mensagens."

John C. Maxwell

"A comunicação verdadeira ocorre quando as pessoas se sentem seguras."

Ken Blanchard

"As palavras que você diz são muito menos importantes do que a energia, a intensidade e a convicção com que são ditas."

Jules Rose

"Pense como um sábio, mas comunique-se na linguagem do povo."

William Butler Yeats

“As pessoas aceitarão suas idéias mais prontamente se você afirmar que foi Benjamin Franklin quem as formulou primeiro.”

Lei de Comins

“Se deseja saber o que realmente acontece na maioria das empresas, fale com o cara que limpa o chão. É muito provável que ele saiba mais do que o presidente. Por isso faço questão de conhecer o que os meus faxineiros sabem – mesmo que isso signifique apenas limpar o chão.”

Kenneth A. Hendricks

“As maiores verdades são as mais simples – assim como os maiores homens e mulheres.”

Julius Charles Hare

“O vazio criado pela incapacidade de se comunicar é rapidamente preenchido por veneno, tolices e falsidades.”

C. Northcote Parkinson

“Nossa capacidade de comunicação não é medida pela forma como dizemos as coisas, mas pela maneira como somos entendidos.”

Andrew S. Grove

A DIFERENÇA ENTRE UM ORADOR E UM COMUNICADOR

Comunicadores...

Acreditam no que falam – *convicção.*

Acreditam nas pessoas para quem falam – *expectativa.*

Vivem o que falam – *credibilidade.*

Sabem quando falar – *senso de oportunidade.*

Sabem como falar – *criatividade.*

Sabem por que falam – *concentração.*

Divertem-se falando – *liberdade.*

Mostram na hora o que dizem – *visualização.*

Falam e as pessoas se reconhecem – *identificação.*

"Se eu tivesse que citar um único instrumento extremamente útil para a liderança, citaria a comunicação."

John W. Gardner

"Quando estou me preparando para argumentar com uma pessoa, gasto um terço do meu tempo pensando em mim e no que vou dizer – e dois terços pensando nela e no que ela vai dizer."

Abraham Lincoln

> “Tenha compreensão para não ter que viver uma incompreensão.”
>
> **Charles Blair**

As pessoas comunicam seus sentimentos e atitudes...

7% através de palavras,

38% através do tom de voz e

55% através de sinais não verbais.

ENCORAJAMENTO É UMA ESCOLHA

"Encorajamento é oxigênio para a alma."

George M. Adams

"Mantenha distância daqueles que tentam menosprezar suas ambições. Pessoas medíocres sempre agem assim, mas as realmente grandes fazem você sentir que também pode se tornar grande."

Mark Train

"Se você puxar alguém para baixo, vai afundar junto."

Booker T. Washington

"Tendemos a nos tornar aquilo que a pessoa mais importante em nossa vida acha que nos tornaremos."

COMO ENCORAJAR OS OUTROS

1. *Valorize o poder do encorajamento* – Ele é oxigênio para a alma.

2. *Acredite nas pessoas* – Se você não acreditar nos outros, eles não acreditarão em você.

3. *Construa relacionamentos* – Quanto mais próximo você for, maior será o efeito do seu encorajamento.

4. *Faça o que diz* – Seja um modelo daquilo que você encoraja os outros a fazerem.

5. *Mostre às pessoas que você as considera importantes* – Lembre seus nomes e peça a ajuda delas.

6. *Reconheça e elogie o potencial dos outros* – As pessoas se sentem estimuladas a corresponder às suas expectativas.

7. *Recompense aquilo que você valoriza* – O que é recompensado é realizado.

8. *Celebre mais* – Reconhecer e festejar vitórias motiva as pessoas a continuarem tentando.

9. *Encoraje a participação e as realizações* – As pessoas se sentem valorizadas quando dominam a situação.

10. *Eleve o nível de expectativa* – Muitas pessoas se esforçam quando são desafiadas.

“Sou apenas um caipira, mas aprendi como manter a unidade de uma equipe. Hoje sei como encorajar algumas pessoas e como acalmar outras para que tenham um só coração e formem uma equipe coesa.

Existem somente três coisas que eu costumava dizer:

Se algo der errado, fui eu.

Se algo der mais ou menos certo, então fomos nós.

Se algo der muito certo, então foram vocês.”

Paul “Bear” Bryant

“O segredo para encorajar as pessoas é entusiasmar-se com as coisas certas. Alguns se entusiasmam quando conseguem apontar erros ou descobrir falhas em alguém. Em vez disso, deveríamos nos entusiasmar com cada pequena conquista.”

John C. Maxwell

“A melhor forma de se alegrar é alegrando outras pessoas.”

Mark Twain

“Faça-me um elogio e talvez eu não acredite em você. Faça-me uma crítica e talvez eu deixe de gostar de você. Ignore-me e talvez eu não o perdoe. Encoraje-me e eu nunca o esquecerei.”

William A. Ward

POR QUE É RECOMPENSADOR ACREDITAR NAS PESSOAS

1. *A maioria das pessoas não acredita em si mesma* – Na vida, o que impede seu progresso não é o que você é, mas o que você pensa que não é.

2. *São poucas as pessoas que acreditam em nós* – Quando não há ninguém que nos anime no dia-a-dia, nos sentimos isolados e desencorajados.

3. *A maioria das pessoas sabe quando alguém acredita nelas* – A maioria dos líderes investe para serem valorizados, em vez de procurar desenvolver a auto-estima dos outros.

4. *A maioria das pessoas se empenhará ao máximo para conquistar a confiança de seu líder* – Estenda a mão para as pessoas que o admiram e ajude-as a crescer; isso mudará a vida delas.

"Nunca vi alguém realizar um bom trabalho sem o incentivo e a valorização de seus supervisores."

Charles Schwab

"O encorajamento é mais eficaz do que a censura – uma palavra de estímulo depois de uma advertência é como o sol após um temporal."

Johann Wolfgang von Goethe

"Um chefe que valoriza e estimula tem o dom de fazer com que seus subordinados acreditem em si mesmos e dêem o melhor de si."

Reggie Jackson

SERVIR É UMA ESCOLHA

"O destino mais nobre do ser humano é servir, não governar."

Albert Einstein

"O heroísmo verdadeiro não é o ímpeto de ultrapassar os outros a qualquer custo, e sim o ímpeto de servir os outros a qualquer custo."

Arthur Ashe

"O desejo de servir é o elo que falta na maioria das cadeias de comando."

"Os maiores seres humanos estão sempre dispostos a ser pequenos."

John C. Maxwell

"Um líder verdadeiro se coloca a serviço. Ele serve ao interesse fundamental dos outros. Ao fazer isso, nem sempre é popular ou causa boa impressão. Mas como os verdadeiros líderes são motivados por um cuidado amoroso e não pela glória pessoal, eles estão dispostos a pagar o preço."

Eugene B. Habecker

"O sentido da vida não é vencer. O sentido da vida é crescer e compartilhar. Quando você olhar para trás e vir tudo o que fez na vida, obterá mais satisfação com o que proporcionou às pessoas do que com as ocasiões em que as superou e derrotou."

Harold Kushner

"Mostre-me um homem que não tem paciência para fazer coisas pequenas e eu lhe mostrarei um homem incapaz de realizar coisas grandiosas."

Lawrence D. Bell

"Aquele que se ocupa ajudando quem está abaixo dele não terá tempo para invejar quem está acima dele."

Henrietta Mears

UM HOMEM DE VERDADE ATRÁS DA PONTE

Quando o caso é de vida ou morte, a maioria das pessoas se preocupa em cuidar de si mesmas. Mas não Philip Toosey. Como oficial do Exército britânico durante a Segunda Guerra Mundial, em vez de procurar se preservar, ele sempre se colocou a serviço de seus soldados.

Em 1939, quando a guerra estourou na Europa, Toosey foi convocado e enviado para o Pacífico. Como comandante, participou das tentativas frustradas de defender a península da Malásia e Cingapura dos ataques japoneses. Apesar de toda a luta, as forças britânicas foram obrigadas a recuar, até finalmente regressarem a Cingapura.

Foi ali que Toosey realizou atos do maior altruísmo. Quando os ingleses perceberam que a rendição seria inevitável, ele recebeu uma ordem de abandonar seus homens e seu navio para que sua competência como oficial de artilharia pudesse ser utilizada em outro lugar. Toosey recusou. Mais tarde, ele declarou:

"Eu não podia acreditar no que estava ouvindo, e recusei... Destaquei que, como artilheiro, eu lera o segundo volume do *Manual de treinamento de artilharia*, e este determina claramente que, em qualquer retirada, o oficial no comando é o último a partir."[10]

Como tinha consciência do efeito negativo que sua partida produziria no moral das tropas, permaneceu ao lado de seus homens. Conseqüentemente, quando as forças aliadas em Cingapura renderam-se aos japoneses, em fevereiro de 1942, Toosey e seu grupo se tornaram prisioneiros de guerra.

Eles logo se viram em um campo de prisioneiros em Tamarkan, próximo a um grande rio chamado Kwae Yai. Como oficial superior, Toosey estava no comando dos prisioneiros aliados. Os japoneses os incumbiram de construir pontes sobre o rio, inicialmente de madeira, depois de aço e concreto.

Quando recebeu pela primeira vez as ordens dos captores japoneses, Toosey quis recusar. Afinal, os japoneses tinham ratificado a Convenção de Haia de 1907, que proibia que prisioneiros de guerra fossem forçados a realizar trabalhos que pudessem ajudar os inimigos. Mas Toosey também sabia que a recusa resultaria em represálias que descreveu como "imediatas, físicas e severas".[11] O biógrafo Peter N. Davies observou: "Toosey, na verdade, reconheceu rapidamente que não tinha qualquer escolha. A recusa seria inútil, e o fundamental era preservar as vidas de seus homens."[12]

Apesar de pedir aos prisioneiros que cooperassem com os captores, ele não hesitou em arriscar a vida ao defender seus homens, exigindo mais comida, horários de trabalho regulares e um dia de folga por semana. Seus esforços foram bem-sucedidos, embora ele contasse mais tarde: "Quando você assume uma responsabilidade, como fiz, ela aumenta consideravelmente seu sofrimento."[13] Incomodados com a atitude de Toosey, os japoneses melhoraram as condições de vida dos prisioneiros aliados, o que fez com que apenas nove morressem durante os 10 meses em que trabalharam construindo as pontes.

Mais tarde, Toosey ficou à frente de um hospital no campo de prisioneiros, onde se tornou conhecido por sua extrema dedicação para garantir o bem-estar dos feridos. Usou o mercado negro para obter remédios e alimentos, mesmo sabendo que seria morto caso fosse descoberto. Assumiu corajosamente todos os riscos possíveis em benefício dos prisioneiros. Quando a guerra acabou, a primeira preocupação de Toosey foi localizar os homens de seu regimento. Para isso, viajou 480 quilômetros até reencontrá-los.

Ao regressar à Inglaterra, retomou seu emprego no banco onde antes trabalhava, mas prosseguiu dedicando-se à Federação dos Prisioneiros de Guerra do Oriente e procurando sempre ajudar outros ex-prisioneiros – mais um ato característico de um homem que sempre colocou sua vida a serviço dos outros.

Extraído de COMPETÊNCIAS PESSOAIS QUE AS EMPRESAS PROCURAM

"Todos podem ser grandes... porque qualquer um pode servir. Você não precisa de um diploma universitário para servir. Só precisa de um coração generoso, de uma alma gerada pelo amor."

Martin Luther King, Jr.

AMOR É UMA ESCOLHA

"Você descobrirá, quando olhar para trás e contemplar sua vida, que os momentos em que realmente viveu foram aqueles em que fez as coisas com amor."

Henry Drummond

"Enquanto a fé torna todas as coisas possíveis, é o amor que as torna fáceis."

Evan H. Hopkins

"A felicidade suprema da vida é a convicção de ser amado pelo que você é, ou, para ser mais exato, apesar do que você é."

Victor Hugo

"Descobri o seguinte paradoxo: se eu amar até doer, então não haverá mais dor, somente mais amor."

Madre Teresa

"Amar é ser vulnerável. Ame qualquer coisa ou pessoa, e seu coração provavelmente será partido. Se você deseja mantê-lo intacto, não dê seu coração a ninguém. Evite qualquer envolvimento, mantenha-o trancado com segurança no caixão do seu egoísmo. Nesse esquife – seguro, escuro, imóvel e sem ar –, ele passará a ser inquebrável, impenetrável, irrecuperável... O único lugar onde você pode estar perfeitamente seguro dos perigos do amor é o inferno."

C. S. Lewis

O HOMEM DE AÇO

Quando garoto, na Escócia, Andrew Carnegie tinha uma ambição: "Tornar-me um homem e matar um rei." Claramente, desejava causar um impacto no mundo. Era vigoroso, ambicioso e confiante. Ainda criança, mudou-se com a família para a região de Pittsburgh, nos Estados Unidos, a uma grande distância de qualquer rei.

Por causa da situação financeira da família, Carnegie começou a trabalhar aos 12 anos em um moinho de algodão e na indústria telegráfica. Trabalhou duro, aprendeu e progrediu. Aos 24 anos, supervisionava uma divisão da companhia ferroviária de Pittsburgh.

Aos 21 anos, Carnegie comprou 10 cotas de ações de uma companhia chamada Adams Express. Ao receber os primeiros dividendos no valor de 10 dólares, percebeu que descobrira o segredo de como acumular riqueza. Continuou a investir durante a década seguinte e sua riqueza material aumentou. Em 1863, ganhou mais de 40 mil dólares – uma quantia considerável na época.

Em 1875, Carnegie abriu uma siderúrgica nos arredores de Pittsburgh, e com o passar dos anos transformou-a em um empreendimento incrivelmente bem-sucedido. Em 1901, vendeu a siderúrgica a J. P. Morgan, ganhando pessoalmente mais de 200 milhões de dólares.

Carnegie, então com 65 anos, começou a dedicar-se a algo que desejava havia mais de 30 anos: usar seu dinheiro para ajudar os outros. "O homem que morre rico", escreveu, "morre na desgraça."

Durante os 18 anos seguintes, Carnegie doou 90% de sua fortuna. Construiu 2 mil bibliotecas públicas e quatro grandes museus, fundou a Carnegie Technical Schools, hoje Carnegie Mellon University. Criou o Carnegie Hall, a primeira grande casa de concertos de Nova York, e multiplicou as doações.

O menino que queria matar um rei percebeu que poderia deixar uma marca mais profunda no mundo por meio de algo muito maior – o amor.

LIÇÕES QUE APRENDI SOBRE O AMOR

1. *Ame as pessoas agora* – Você nunca sabe o que poderá acontecer amanhã, nem mesmo se verá o dia de amanhã. Ame as pessoas agora. O bispo de Uganda, durante um período especialmente tumultuado em seu país, afirmou: "Se você vai amar alguém, faça-o já!" Esse conselho precisa ser carregado no coração de cada um de nós.

2. *O amor é vulnerável* – Se você ama os outros, corre o risco de ser ferido. Porque, quando abrimos os braços para alguém, nos tornamos alvos fáceis. Ame assim mesmo. A dor de nunca ter amado é muito pior do que a dor de ter o coração partido.

3. *O amor é poderoso* – O amor tem o poder de mudar o mundo. Os grandes e pequenos atos heróicos e transformadores foram movidos pelo amor. Quando você ama os outros, tudo se torna possível.

4. *O amor só persiste com muito esforço* – Nenhuma amizade dura décadas sem um investimento permanente. Nenhum casamento sobrevive durante 50 anos sem que os dois lados se empenhem para que dê certo. Se você quer manter um relacionamento sólido e amoroso, é necessário dispor-se a abrir mão de muitas coisas.

5. *O amor é incondicional* – Se você impõe condições para amar, não se trata de amor de verdade. É nos momentos de fraqueza, quando erra e nos magoa, que o ser amado mais precisa do nosso amor. Quando ama de fato uma pessoa, você entende as suas falhas, ajuda-a a superar dificuldades, abraça seus problemas e fica ao lado dela até o fim.

"Você pode atentar contra Deus, mas você não pode eliminar o amor de Deus."

"As coisas humanas precisam ser conhecidas para serem amadas; as coisas divinas precisam ser amadas para serem conhecidas."

Blaise Pascal

NOTAS

1 Roger Crawford e Michael Bowker, *Playing from the Heart: A Portrait in Courage* (Rocklin, Califórnia: Prima Publishing, 1997), 28-32.

2 Roger Crawford, *How High Can You Bounce? Turn Setbacks into Comebacks* (Nova York: Bantam Books, 1998), 8.

3 Roger Crawford e Michael Bowker, *Playing From the Heart*, 12.

4 Christopher Hosford, "30 Years of Progress for the Ultimate 10-Event Man", *Life Extension Magazine*, setembro 1998, <www.lef.org/magazine>, 11 de junho, 2001.

5 Gordon MacDonald, *The Life God Blesses* (Nashville: Thomas Nelson Publishers, 1994).

6 Jonas Salk, M.D.: Entrevista, 16 de maio, 1991, <www.achievement.org>, 2 de julho, 2001.

7 George W. Crane, *Dr. Crane's Radio Talks*, v. 1 (Mellot, IN: Hopkis Syndicate, Inc., 1948), 7.

8 Ibid, 8-9.

9 Ibid., 16.

10 Peter N. Davies, *The Man Behind the Bridge: Colonel Toosey and the River Kwai*, Londres: Athlone Press, 1991, p. 56.

11 Ibid., p. 107-108.

12 Ibid., p. 99.

13 "A Tale of Two Rivers", *Electronic Recorder*, março 1998, <www.livgrad.co.uk>.

25 maneiras de valorizar as pessoas

de John C. Maxwell e Les Parrott, Ph.D.

Este livro foi escrito para todos que desejam melhorar suas relações pessoais e profissionais e, principalmente, para aqueles que têm vontade de ajudar as pessoas a desenvolver seu potencial e alcançar seus objetivos.

Os autores apresentam 25 atitudes específicas que você deve adotar para ganhar a simpatia e a admiração das pessoas. Repleto de exemplos práticos e de valiosos conselhos, este livro mostra como ampliar sua capacidade de se comunicar com os outros e fazer com que eles se sintam importantes.

Mas, para conviver bem com as pessoas, é preciso primeiro criar uma relação de amor e respeito consigo mesmo. Com este livro, além de aprender como aumentar sua auto-estima, você vai descobrir maneiras eficientes de tornar seus relacionamentos ainda mais sinceros e prazerosos – basta colocar em prática conselhos como:

– *Encoraje o sonho dos outros.*
– *Ouça com o coração.*
– *Faça pelos outros o que eles não podem fazer por si mesmos.*
– *Ofereça o seu melhor.*
– *Deixe as pessoas saberem que você precisa delas.*

Os autores também fazem uma abordagem original do significado do sucesso: "Não tem nada a ver com desempenho ou poder aquisitivo. Tem a ver com seu valor – e se você o reconhece ou não. Quando compreende seu valor pessoal, quando se sente seguro de quem é, então você se torna uma pessoa bem-sucedida."

CONHEÇA OS 30 CLÁSSICOS DA EDITORA SEXTANTE

O Código Da Vinci, Anjos e Demônios, Fortaleza Digital e *Ponto de Impacto*, de Dan Brown

Pais brilhantes, professores fascinantes, Nunca desista de seus sonhos e *Você é insubstituível*, de Augusto Cury

O monge e o executivo e *Como se tornar um líder servidor*, de James C. Hunter

Jesus, o maior psicólogo que já existiu, de Mark W. Baker

1000 lugares para conhecer antes de morrer, de Patrícia Schultz

Um dia "daqueles" e *O sentido da vida*, de Bradley Trevor Greive

Por que os homens fazem sexo e as mulheres fazem amor?, de Allan e Barbara Pease

Os 100 segredos das pessoas felizes, de David Niven

Enquanto o amor não vem, de Iyanla Vanzant

A última grande lição e *As cinco pessoas que você encontra no céu*, de Mitch Albom

A Dieta de South Beach, de Arthur Agatston

O ócio criativo, de Domenico De Masi

A Boa Sorte, de Álex Rovira Celma e Fernando Trías de Bes

Não leve a vida tão a sério, de Hugh Prather

O Poder do Agora, de Eckhart Tolle

Palavras de sabedoria, de Sua Santidade, o Dalai-Lama

Muitas vidas, muitos mestres e *Muitas vidas, uma só alma*, de Brian Weiss

Histórias para aquecer o coração, de Jack Canfield e Mark V.Hansen

Conversando com os espíritos, de James Van Praagh

Mantenha o seu cérebro vivo, de Lawrence Katz e Manning Rubin

Aprendendo a silenciar a mente, de Osho

INFORMAÇÕES SOBRE OS PRÓXIMOS LANÇAMENTOS

Para receber informações sobre os lançamentos da EDITORA SEXTANTE, basta cadastrar-se diretamente no site www.sextante.com.br

Para saber mais sobre nossos títulos e autores, e enviar seus comentários sobre este livro, visite o nosso site www.sextante.com.br ou mande um e-mail para atendimento@esextante.com.br

EDITORA SEXTANTE
Rua Voluntários da Pátria, 45 / 1.404 – Botafogo
Rio de Janeiro – RJ – 22270-000 – Brasil
Telefone (21) 2286-9944 – Fax (21) 2286-9244
E-mail: atendimento@esextante.com.br